# FRANÇOIS BROC

# LA

# Revanche

Dans la future guerre, ce sont les grandes batailles du début qui décideront probablement du sort de la campagne. Elles auront lieu entre les Allemands et les Français, seuls, face à face, quels que soient les alliés des deux adversaires.

J. AUBŒUF

NIMES

IMPRIMERIE E. GARDIES

Rue des Saintes-Maries 21

1892

# LA

# REVANCHE

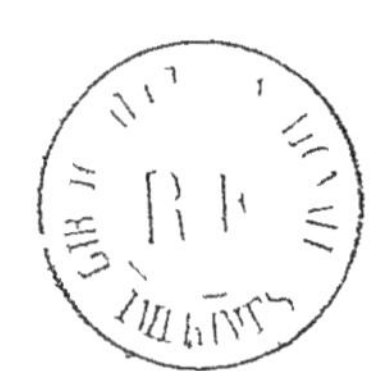

*Si vis pacem para bellum*

A MON AMI

HENRI AUDIBERT

# INTRODUCTION

La France n'est pas vindicative  Elle a l'oubli facile  Est ce une force ? Est-ce une faiblesse ? Je l'ignore  mais le fait n'est pas contestable

Comme la generalite des Français, moi aussi, j'allais oubliant peu a peu les desastres et les douleurs de l'Annee terrible  et, comme la plupart de mes compatriotes, je finissais par me demander si les idees de revanche n'etaient pas des idees reprehensibles, si la *Ligue de la Paix* n'avait pas raison en definitive de preferer les bienfaits d'une paix a peu pres honorable aux terribles collisions d'une guerre meme heureuse, lorsqu'une parole, eclatante comme un coup de tonnerre, vint me reveiller en sursaut et dissiper en un clin d'œil mes pacifiques et nonchalantes reveries

Cette parole foudroyante provenait de M  de Moltke, disant en plein Parlement prussien

**La Paix perpetuelle est un rêve, et ce n'est pas même un beau rêve.**

Oh ! oh ! me dis je brusquement, toi, le Français, toi, le vaincu, tu te resignes benoitement au fait accompli, et celui qui a pris ta maison, tes champs et ton argent te menace encore a haute et intelligible voix !

Me redressant alois sous la douleur cuisante d'un pareil coup de fouet, je me mis à relire l énergique réponse de Déroulède à la Ligue de la Paix, dont voici les dernieres strophes ·

> Allons ! hardi les pacifiques !
> Reniez bien les maux soufferts,
> Rendez les laches bien cyniques,
> Organisez bien les paniques,
> Prepaiez-nons bien des revers.

> Car d'empêchei qu on nous assaille,
> Vos dèsirs y sont superflus
> Vos efforts ne sont pas de taille,
> Nous aurons toujours la bataille,
> C'est du cœur que nous n'aurons plus

Ces beaux vers me rendirent le courage et, de mon autorité privée, je me fis l'examinateur, le liquidateui pour ainsi dire de notre situation vis à-vis de nos ennemis Sans flatterie pour la France, sans dénigrement pour l'Allemagne, j'ai fait mon possible pour en etablir l'actif et le passif, c'est ce travail que je vais placer sous vos yeux

## PREMIÈRE SECTION

—

# LA DÉPOPULATION DE LA FRANCE

———

S'il est une question qui fasse jeter les hauts cris parmi nous c'est bien celle qu'on désigne d'habitude sous ce titre **La Dépopulation de la France.**

Oyez les économistes, les professeurs, les philosophes, les magistrats, les journalistes, il n'y a qu'une voix sur ce chapitre La France se dépeuple ! La France est dépeuplée ! La natalité ne comble plus les vides faits dans nos rangs par la mortalité Encore quelques années de ce régime et la France se verra transformée en désert

Longtemps ces lugubres doléances eurent prise sur moi Mon cœur en était affligé et mon esprit en était grandement trouble, car je n'entendais aucune voix sérieuse s'élever parmi nous pour protester contre ce concert de gémissements

Mais un jour le hasard, pour ne pas dire « LA PROVIDENCE », vocable aujourd'hui bien démodé, surtout parmi les petits savants, me fit tomber entre les mains le volume XVII des Mémoires de Bachaumont lequel Bachaumont ecrivit son ouvrage sous le regne de Louis XV et mourut, je crois en 1771 Ce qui nous reporte a 140 ans en arrière, à peu de chose près

Or, ce volume XVII des Mémoires de Bachaumont contient juste les mêmes plaintes, les memes gemissements, qui retentissent aujourd'hui à nos oreilles, sur le depeuplement de notre pays Selon cet auteur, la France se depeuple, la France est dépeuplee Encore quelques années de ce laisser-aller et la France aura cessé d'exister faute d'habitants

Mais, me dis je *in petto* decidement on se moque de nous, pauvres et naïfs lecteurs Il est temps de reagir avec vigueur contre ces affirmations sans preuves

Voyons, raisonnons un peu

Du temps de Bachaumont, la population de la France s'elevait a 20 millions d habitants environ Elle s'eleve aujourd'hui a pres d'une quarantaine Si la population de la France a double depuis Bachaumont, les plaintes et les la mentations de cet ecrivain etaient donc tout à fait erronées

Et poussant mes reflexions plus avant, je me dis Si les plaintes de Bachaumont etaient si mal fondees jadis, qui nous assure que les lamentations de nos modernes Jéremies sont plus solides ?

Et, de réflexions en reflexions j en suis venu à me dire que toutes ces doleances ne signifient rien, absolument rien En voici la preuve

Du temps de Bachaumont la population de la France s'élevait a 20 millions d'habitants, alors que celle de notre voisine de l'Est, la feconde Allemagne, s'elevait a 25 millions d'habitants environ

Apres 130 ou 140 annees, il se trouve que la population de la stérile France s'elève à une quarantaine de millions d'habitants et celle de l'Allemagne à une cinquantaine, c'est-a-dire que la sterile France et la soi-disant feconde Allemagne sont juste au meme niveau qu'autrefois, puisque l'une et l'autre ont doublé, et rien que doublé leur population dans le même espace de temps

D ou vient ce resultat si peu prevu par Bachaumont, jadis, et par les statisticiens de nos jours ?

C'est bien simple, c'est que la natalite n'est pas la grande loi de la vitalité Il est facile de faire des enfants, il est difficile de faire des hommes Pour faire un enfant il ne faut qu'une minute Pour faire un homme il faut au moins vingt années, de travail, de peines et de soins variés

La natalité n'est pas la grande loi de la vitalité Elle n'est pas non plus l unique factum du peuplement d'une contrée

A côte de la natalite il y a la loi de l'*infiltration* ! .

Voyez ce qui se passe en Californie Les Chinois multiplient en ce pays, et ils n ont pas une femme chinoise avec eux, et les Celestes multiplient à tel point, grace à l'infiltration ou colonisation, que les Americains, que les Yankees, pris d epouvante, ont vote, il y a quelques temps, un bill d'expulsion generale contre leurs frères asiatiques

Buffon a dit   Une etendue de terre quelconque nourrit toujours tous les végetaux et tous les animaux qu elle peut nourrir , en sorte que la quantite de vie possible sur une surface quelconque est toujours egale à elle-meme

Cette affirmation a ete reprise developpee et prouvee par Frederic Bastiat dans son beau livre intitule  LES HARMONIES ECONOMIQUES

En sorte que, si par des motifs divers, une superficie quelconque de terre se vide quelque peu, ces vides sont combles a l instant par le trop plein des populations adjacentes Voila pourquoi la France est toujours et sera toujours au meme niveau de population que l'Allemagne sa voisine

Mais, me direz-vous ? d'ou vient que la population de l Allemagne est d un cinquième plus elevee que celle de la France ?

C est bien simple, c'est que la superficie du sol allemand depasse d un cinquième la superficie du sol de la France

Et si la population de l'Allemagne depasse d'un cinquième celle de la France cette superiorite de population est plus apparente que reelle puisqu'elle ne consiste qu en une superiorite d enfants

Le nombre d'hommes ages de plus de 17 ans est en Allemagne de 13 millions 560 mille, tandis qu'il s eleve en France a 13 millions 546 mille, difference insignifiante en faveur de l Allemagne

Il y a donc 10 millions d enfants de plus en Allemagne qu'en France

Mais ce n est rien d avoir beaucoup d'enfants L important c'est d'avoir des hommes

Et si l Allemagne n a pas plus d'hommes en definitive que la France, c est que notre sol est plus riche que celui de notre voisine .

La depopulation de la France n'est donc qu un fantome qu il suffit de regarder en face pour le faire evanouir

# DEUXIÈME SECTION

## LA DETTE PUBLIQUE DE LA FRANCE

Encore un fantome qu'il suffit d'examiner de près pour le faire disparaître
Et cependant nos publicistes, de plus en plus Jeremies, ne cessent de gemir a
son sujet

La France, disent ils va succomber sous le poids de sa dette Qu'elle suive
cette route pendant quelques annees encore et la France épuisee sera forcee
de faire banqueroute

Cette sinistre prédiction est-elle bien fondee? C'est ce que nous allons examiner rapidement

La dette publique de la France s'elève à 30 milliards, disent les optimistes,
à 34 milliards, disent les pessimistes

Ici, ouvrions une parenthèse Il est vraiment facheux, et peu honorable pour notre *comptabilite nationale*, que le public ne puisse pas être renseigné d une manière plus précise  Fermons la parenthese

Prenons le moyen terme entre les optimistes et les pessimistes et admettons que la Dette de la France monte a 32 milliards de francs

Ce chiffre est respectable, sans doute, mais est il aussi desolant qu'on veut bien le dire ?  Non, certes

Il y a deux manieres d'examiner cette question , la premiere c est de l'etudier au point de vue relatif, la seconde, au point de vue absolu

Regardons d'abord le point de vue relatif

En 1815, au lendemain de Waterloo  la Dette de l'Angleterre s'élevait a 22 milliards de francs  Un pareil chiffre etait vraiment formidable, comme nous allons le voir de suite

En 1815, la population de l Angleterre etait a peine de 19 millions d individus  si cette population avait ete de 38 millions, comme celle de la France aujourd'hui, la Dette de l Angleterre aurait pu s elever a 44 milliards de francs pour etre equivalente a la notre

Or 44 milliards de francs sont bien plus que 32 milliards qui est le chiffre actuel de notre Dette

Mais cette différence n'est rien  La différence véritable, la voici

En 1815, la valeur du numeraire etait au moins le double de sa valeur actuelle, 44 milliards d'alors valaient donc 88 milliards d'aujourd hui  Voilà ce que devait l Angleterre a cette époque

Or, l'Angleterre n'a pas succombé sous le poids d'une dette pareille (88 milliards) Comment la France risquerait elle de succomber sous le poids d'une dette qui ne represente guère plus que le tiers de la Dette de sa voisine ?

Au point de vue relatif nous voyons donc que notre situation financière n est pas accablante  Si nous examinons notre situation au point de vue absolu nous allons voir a l instant que notre Dette publique est à peu près insignifiante

Tout le monde sait, ou doit savoir que, dans une trentaine d'annees environ, les chemins de fer français deviendront la propriete de l'Etat

Or, les chemins de fer français sont evalues, aujourd'hui, à 25 milliards de francs

Si nous retranchons ces 25 milliards des 32 milliards qui constituent notre Dette, celle ci sera abaissee a 7 milliards de francs  Somme tout à-fait insignifiante pour un pays comme la France  ainsi que je le disais plus haut.

Ce n'est pas tout

Comme toutes les valeurs augmentent tous les jours, par suite de la baisse constante du numéraire, il est hautement probable, que dans une trentaine d'années, les chemins de fer français seront evalues a 30 ou 32 milliards, alors notre dette actuelle de 32 milliards sera complètement annulée

Donc, je le repete, la Dette publique de la France, est un autre fantome qu'il suffit de regarder en face pour le faire evanouir

Et maintenant, me direz vous, pourquoi avez vous parlé de la Dette de la France ?

C'est parce que l'argent est le nerf de la guerre, et qu'il y a plus d'argent dans le magnifique credit de la France, qu'il y en a d'accumule dans la fameuse tour de Spandau, ou la Prusse a place son tresor de guerre

Resumons ce qui precède

Une nation prolifique fait beaucoup d'enfants, mais elle ne fait pas beaucoup d'hommes

Les hommes d'une nation prolifique sont moins sains et moins vigoureux que ceux d'une nation non prolifique Exemple l'Allemangne ou les cas d'exemptions militaires s'elèvent au double de ceux de la France, au grand chagrin de l'Etat-major Prussien

Une nation prolifique employant toute sa sève à procreer des enfants ne peut pas epargner Or, sans epargne pas de capitaux et sans capitaux pas de victoire definitive

# TROISIÈME SECTION

## LA REVANCHE

Il est un troisième fantome devant lequel notre pays n'ose pas meme lever les yeux  C'est celui de la **Revanche**

Et pourtant si on l'examine de sang-froid on voit bientôt qu'il n'est pas plus redoutable que les deux autres

En 1870 la France a été vaincue par l'Allemagne, et depuis lors nous sommes effarés, ahuris, hypnotisés

Réveillons-nous, morbleu ! Secouons cette lethargie Sortons de cette prostration

Je ne dis pas de partir en guerre à la minute, mais, seulement de regarder la chose bien en face et nous verrons bientôt que tous les avantages sont de notre côte

Tout d'abord une chose devrait nous donner un commencement d'espérance Cette chose c'est la poursuite acharnee, c'est la recherche fievreuse, que les rois de Prusse font pour trouver des alliés Si leur cause était bonne ils ne chercheraient pas tant d amis pour les appuyer Si leur maison etait bien solide ils ne chercheraient pas tant d étais pour la soutenir Le Lion ne recherche pas l'alliance de la Hyene et du Chacal

J'ai dit plus haut que tous les avantages, en cas de guerre, seraient de notre coté Voici les preuves de cette affirmation

Nous sommes plus riches,

Nous sommes plus unis

Nous sommes plus nombreux

Nous sommes plus riches que les Allemands Cette affirmation me parait si solide si evidente, que je n'essaie pas même d en fournir la démonstration Or, tout le monde sait que l'argent est le nerf de la guerre

Nous sommes plus unis que les Allemands Voila une verite qu'il suffit d'indiquer pour emporter la certitude Tandis que la Bavière, la Saxe, le Wurtemberg, n ont qu un desir et qu un souci, celui de secouer le joug prussien, est-il une province chez nous, meme parmi les plus eloignees du cœur de la France, qui cherche a faire scission avec elle ?

Non certes

Nous sommes plus nombreux que les Allemands Ici je l'avoue, mon assertion frôle, de prime abord, le paradoxe Mais faisons l'analyse rigoureuse des deux populations, et nous verrons bientôt combien est grande notre supériorité

La population de la France est de 38 millions d'habitants

Celle de l'Allemagne s eléve à 48 millions

En apparence, la superiorite est du cote de nos ennemis En réalite, c'est juste le contraire En voici la preuve

| | FRANCE | ALLEMAGNE |
|---|---|---|
| Hommes âgés de plus de 17 ans | 13 540 000 | 13 560 000 |
| Femmes — — | 13 500 000 | 13 600 000 |
| Enfants de 10 a 17 ans | 4 500 000 | 6 500 000 |
| Enfants de 0 a 10 ans | 6 454 000 | 14 340 000 |
| TOTAL | 38 000 000 | 48 000 000 |

En France, nous avons de 6 à 7 millions de bébés

En Allemagne, il en existe plus de 14 millions

Non seulement on ne fait pas la guerre avec des enfants, mais cette effroyable population enfantine est une surchaige terrible en temps de guerre. Il suffit d'énoncer une telle proposition pour emporter la certitude.

Passons de la population desarmee a la population armee, et, d'apres les documents officiels, nous verrons que la supériorite appartient encore à la Francĕ

Les Armées européennes se partagent toutes en trois sections, savoir l'Artillerie, la Cavalerie, l'Infanterie

Voyons nos forces respectives

|  | FRANCE | ALLEMAGNE |
|---|---|---|
| Artillerie. — | 414 batteries | 414 batteries |
| Cavalerie — | 435 escadrons | 465 escadrons |
| Infanterie — | 568 bataillons | 538 bataillons. |
| TOTAL | 1417 unités tactiques | 1417 unités tact, |

La France a 30 escadrons de moins que l'Allemagne, c'est vrai, mais elle a 30 bataillons de plus  Or le bataillon étant de mille hommes, et l'escadron n'étant que 200 hommes et 200 chevaux (admettons qu'un cheval vaut deux hommes) les 30 escadrons allemands ne représentent que 18 000 hommes, contre les 30 000 hommes que la France possède en plus dans son infanterie  on voit que la supériorité numérique de la France est encore de 12 000 hommes.

Réfléchissons de plus que le temps de service a lieu de 20 à 23 ans en Allemagne, tandis qu'il est en France de 21 à 24 ans  Cela constitue encore une superiorité au point de vue de la vigueur physique de l'homme sous les armes

Jusqu'ici nous n'avons vu que les éléments qu'on pèse et que l'on compte, et. l addition terminée, on voit qu'ils sont tous en notre faveur.

Si nous passons aux éléments qui ne se pèsent pas et qu'on ne peut nombrer, mais qui n'en existent pas moins, tels que le courage, ia constance, le talent. le génie. l héroisme, je ne pense pas que nous soyons inférieurs aux Allemands sous ce rapport, cai s'ils peuvent citer avec un legitime orgueil les noms du Grand-Electeur, de Frédéric et de de Moltke, nous pouvons opposer ceux de Turenne, de Hoche et de Napoléon, qui valent bien les leurs, ce me semble

Un dernier mot

Sur la foi de nos poètes et de nos philosophes, nous avons cru longtemps à la fraternité des peuples et, dans cette croyance, nous avons applaudi de tout cœur à l'unification de l'Italie et à celle de l'Allemagne

L'Allemagne et l'Italie ont répondu à notre sympathie pour elles, par la formation de la Triple Alliance

Certes, la déception a été cruelle pour nous

Eh bien ! soit

Mais alors souvenons-nous sans cesse et répétons toujours ces belles strophes de Victor de Laprade

« Depuis quatre-vingts ans la Lyre s'est trompée,
« En nous prêchant l'amour de nos voisins jaloux
« Réparez son erreur, enfants à coups d'épée
» Vous aimerez plus tard, mais d'abord vengez-nous

» Français rien que Français, n'aimons rien que la France
» Sur nous, sur notre sang, elle seule a des droits
» En ses seules vertus plaçons notre espérance
» Et n'attendons plus rien des peuples ni des rois

Mais, comme ces beaux vers, ayant été faits par un Français pour des Français, peuvent exciter les ricanements de nos ennemis, sortons de notre pays remontons dans le passé pour ouïr les échos des temps évanouis, voici ce que nos oreilles pourront entendre, venant de Shakspeare, le grand poète anglais, qui ne nous aimait guère

La France est le jardin du monde
La France est le soldat de Dieu

Imprimerie E  GARDIES, rue des Saintes Maries, 21  — Nimes

# ŒUVRES DE F. BROC

*Les deux Vérités.*

*Ombre et Lumière.*

*Le Chaos et l'Ordre.*

*La Guerre et l'Amour.*

*Vénus et Marie,* ou *les deux Pôles féminins.*

*Fiat Lux,* nouvelle théorie de la Lumière.

*L'Erreur de M. de Bismarck.*

*La Revanche.*

EN PRÉPARATION

## LE FUTUR MUSÉUM

OU

### LA ZOOLOGIE APPARENTE ET LA ZOOLOGIE RÉELLE

www.ingramcontent.com/pod-product-compliance
Lightning Source LLC
Chambersburg PA
CBHW061640050726
47595CB00007B/3259